한반도의 첫 사람
구석기 시대 흥수아이

글 권기경 | 그림 윤정주

한솔수북

구석기 시대 사람들의 위대한 발명품, 석기. 슴베찌르개(충북대학교박물관)

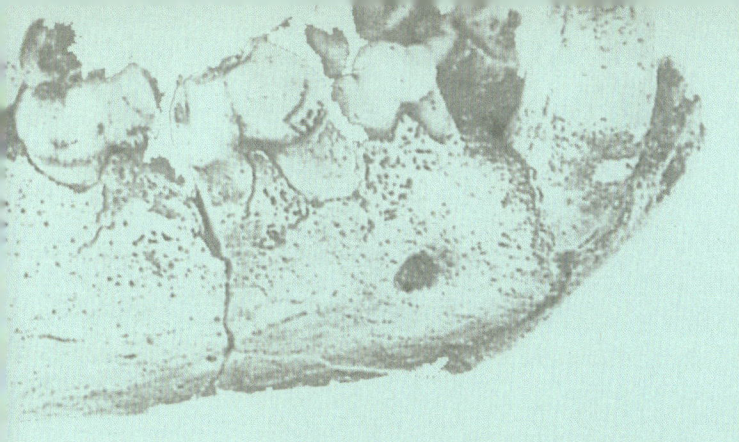

인류 역사는 저 멀리 아프리카에서 시작됐다고 해요.

그곳에서부터 사람들이 전 세계로 퍼져 나갔던 것이지요.

그렇다면 우리가 살고 있는

한반도에는 언제부터 사람이 살기 시작했을까요?

또 그들은 어떤 삶을 살았을까요?

이제부터 우리는 맨 처음 한반도에

살았던 사람들을 만나게 될 것입니다.

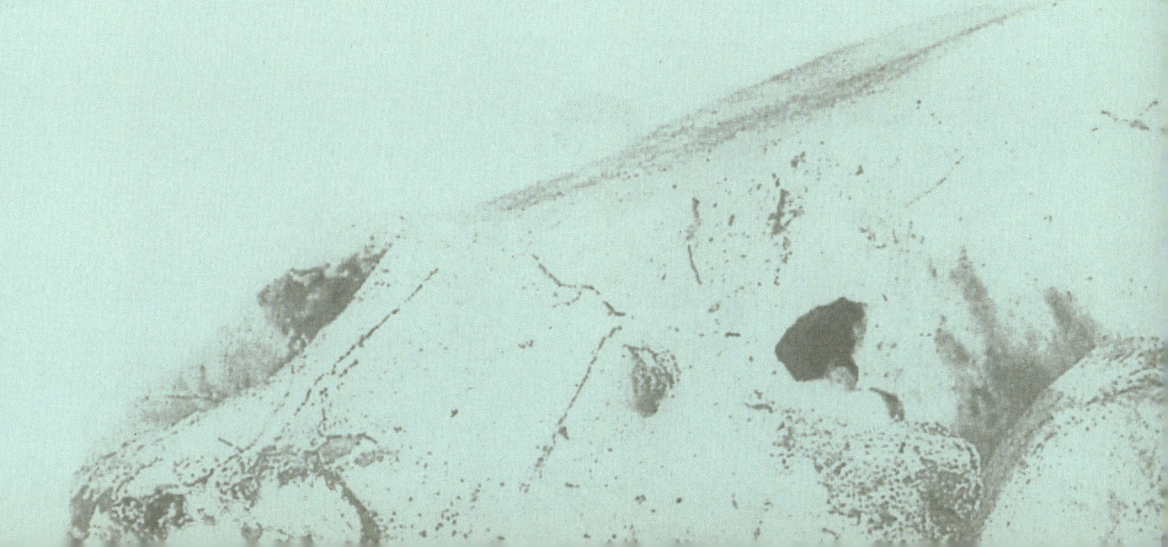

차례

말하는 신비한 동굴 · 6

구석기 시대에서 만난 흥수 아이 · 12

코끼리는 왜 마을을 습격했을까? · 20

구석기 마을의 석기 제작소 · 30

동물과 인간, 전쟁과 평화 · 38

쌍코뿔소와 벌인 한판 승부 · 48

그대 가는 길에 꽃을 뿌리리 · 55

따듯한 추억을 간직한 동굴 · 60

🌰 흥수 아이가 살던 구석기 시대는…? · 62

말하는 신비한 동굴

"동굴?"

욱이는 눈이 동그래져서 물었어요. 그러자 필훈이가 큰소리로 말했습니다.

"아까 버스 타고 올 때 보니까 저쪽에 동굴들이 많더라. 안에 뭐가 있는지 궁금해서 한번 가 보려고."

'선생님이 멀리 가지 말라고 했는데…….'

욱이는 아까 쉬는 시간이 시작될 때 선생님이 하신 말씀이 떠올랐어요.

"어때? 나랑 같이 갈 사람?"

필훈이가 아이들한테 묻자 열 사람이나 손을 들었어요. 그 가운데 욱이의 여자 친구인 보라도 있었어요.

"보라, 너까지?"

"잔디밭에 앉아서 노는 것보단 재밌을 것 같지 않아?"

하긴 보라 말도 그럴듯했어요. 다른 학교는 놀이 공원 같은 데로 소풍을 가서 하루 종일 신 나게 논다는데 욱이네 학교는 겨우 가깝고 나지막한 산으로 소풍을 왔거든요. 선생님 말씀을 어기는 건 내키지 않았지만 욱이는 동굴에 가 보기로 했어요. 시냇물이 졸졸졸 흐르는 개울을 건너자 커다란 바윗덩어리들이 여기저기 흩어져 있는 채석장이 나타났어요. 바윗덩어리들은 석회암으로 이루어진 나지막한 산에서 떨어져 나온 것입니다. 사람들이 두루봉이라 부르는 곳이에요. 그 봉우리 허리쯤에 마치 해골의 눈동자

처럼 구멍이 뚫려 있었는데 그게 바로 동굴이었어요.

막상 동굴 앞에 다다르자 아이들은 서로 눈치만 보고 아무도 먼저 들어가려고 하지 않았어요. 그때 한 아이가 동굴에 들어갈 사람을 가위바위보로 정하자고 했어요.

"가위, 바위, 보!"

다른 아이들은 약속이라도 한 듯 모두 손바닥을 냈는데 욱이 혼자만 주먹을 내고 말았어요. 아이들은 어서 들어가라며 욱이를 재촉했어요. 그런데 혼자서 동굴에 들어가야 한다고 생각하니까 심장이 뛰고 다리가 떨려서 꼼짝도 할 수 없었어요. 동굴 안에 박쥐나 뱀이 있으면 어떡하지? 무서운 생각을 할수록 두려운 마음은 더 커졌어요. 솔직히 욱이는 겁이 많아 보통 땐 귀신 영화도 못 봐요. 그런데 놀림을 당할까 봐 무서워도 안 무서운 척할 때가 많았지요. 하지만 이번에는 차마 그럴 수 없었어요.

"안 되겠어. 무서워서 못 가겠어!"

놀란 듯한 아이들의 얼굴은 차츰 비웃음으로 바뀌었어요.

"겁쟁이 자식!"

필훈이가 놀렸어요. 욱이는 너무나 창피했어요. 하필 보라 앞에서 이런 꼴을 당할 게 뭐람? 욱이는 슬쩍 보라 눈치를 살폈어요. 그러자 그때 보라가 필훈이를 쏘아보며 말했어요.

"누가 겁쟁이라는 거야? 그러면 너희 가운데 용기 있는 사람이 갔다 와 봐!"

보라는 아이들을 둘러봤지만, 아무도 나서는 사람이 없었어요.
"거 봐. 너희도 무섭긴 마찬가지지? 욱인 무서운 걸 무섭다고 말했을 뿐이야. 그러니까 욱인 겁쟁이가 아니야!"
욱이는 보라가 고마웠어요. 보라가 편을 들어 주니까 힘이 생기는 것 같았지요.
"보라야. 내가 갔다 와 볼게."
"혼자 갈 수 있겠어?"
보라가 걱정스러운 듯 물었어요. 욱이는 고개를 끄덕였어요. 그러고는 동굴 쪽으로 걸어갔어요. 신기하게도 꼼짝도 안 하던 발이 그제야 쉽게 떨어졌어요.
동굴은 아주 캄캄했어요. 어두워서 아무것도 안 보였지요. 욱이는 가방에서 야광 막대기를 꺼내 가운데를 뚝 부러뜨렸어요. 야광 막대기에서 빛이 나오면서 동굴 안이 조금씩 드러났어요. 그런데 욱이는 그만 끔찍한 모습을 보고 말았어요. 둘레에 동물 뼈가 널려 있지 뭐예요. 그 가운데는 해골도 보였어요.
"으, 으악!"
욱이는 비명을 지르며 뒷걸음쳤어요. 몇 걸음 못 가서 쿵 하고 동굴 벽에 부딪쳤어요. 그때였어요.
"아얏!"

 동굴 안에 날카로운 여자 목소리가 울려 퍼졌어요. 깜짝 놀란 욱이는 야광 막대기를 휘두르며 둘레를 살펴봤어요. 하지만 아무도 안 보였어요. 분명히 사람 목소리였는데……. 혹시 귀신일까? 빨리 이 동굴을 벗어나야겠다는 생각밖에 없었어요. 허둥지둥 동굴을 빠져나오는데 무언가 발에 툭 걸리는 바람에 우당탕 넘어지고 말았어요. 돌멩이들이었어요. 이번에는 어디선가 푸드덕 날갯짓하는 소리가 들렸어요. 욱이는 재빨리 돌멩이를 집어서 소리 나는 쪽으로 던졌어요. 날아간 돌멩이는 동굴 벽에 툭 맞고 떨어졌어요. 그때였어요.
 "아얏! 누가 자꾸 날 때리는 거지? 꼬마 너냐?"
 또 그 여자 목소리였어요. 욱이는 백지장처럼 하얘진 얼굴로 물었어요.
 "아, 아줌마는 누, 누구세요?"
 "누구긴? 네가 지금 날 보고 있잖아."
 "제, 제 눈엔 도, 동굴밖에 안 보이는데요?"
 "그래 맞아. 난 동굴이야. 동굴 아줌마. 호호호."
 세상에! 목소리의 주인공은 동굴이었던 거예요. 욱이는 그만 털썩 주저앉고 말았어요. 아무래도 욱이는 이상한 동굴에 들어왔나 봅니다. 과연 이제부터 이곳에서 무슨 일이 벌어질까요?

구석기 사람들이 살던 동굴 속으로 들어가 볼까요?

충북 청원군 노현리 두루봉 동굴. 석회암으로 이루어진 두루봉엔 자연 동굴이 10여 개 있어요. 그 가운데 여섯 개엔 우리나라 구석기 시대 사람들의 삶을 알 수 있는 흔적들이 남아 있지요. 여러 가지 석기와 화덕, 장신구도 있고, 동물의 뼈는 우리나라 구석기 유적 가운데 가장 많은 46종이나 나왔습니다. (시몽포토에이전시)

구석기 시대에서 만난 홍수 아이

"아줌마는 저 뼈다귀들과 함께 지내는 게 무섭지 않으세요?"
욱이는 동굴에 널려 있는 뼈다귀들을 보며 아줌마한테 물었어요.
"아니? 저기엔 아주 소중한 추억들이 담겨 있거든."
해골한테 추억이라니? 욱이는 아줌마의 말이 이해가 안 됐어요.
"너는 잘 모르겠지만 아주 먼 옛날 이 동굴에서 살던 사람들이 있었어. 참 따듯하고 용감한 사람들이었지."
동굴 아줌마의 목소리엔 그 사람들을 그리워하는 마음이 뚝뚝 묻어났어요. 욱이는 문득 동굴 아줌마가 말한 그 사람들이 누굴까 궁금해졌어요. 그런데 동굴 아줌마가 이상한 말을 했어요.
"네가 문이라고 생각하는 곳으로 들어가 봐. 그러면 그 사람들을 만날 수 있을 거야. 만약 돌아오고 싶을 땐 나를 세 번 불러."
욱이는 동굴 아줌마가 우스갯소리를 하는 거라고 생각했어요. 동굴에 문이 있다고? 또 이미 죽어서 뼈만 남은 사람들을 어떻게 만날 수 있지? 욱이는 동굴 아줌마를 놀려 주려고 한쪽 벽에 문이 있다고 생각하고 그곳을 두 손으로 힘껏 밀었어요. 당연히 튕겨 나갈 거라 어림잡았는데 신기한 일이 벌어졌어요. 진짜로 문이 열리더니 욱이 몸이 눈 깜짝할 사이에 그 속으로 빨려 들어갔어요. 청룡열차를 타듯 욱이는 긴 굴 속으로 빠르게 미끄러져 내려갔어요.

여기가 어디지? 욱이가 떨어진 곳은 태어나 처음 보는 낯선 숲이었어요. 잎이 넓은 활엽수들이 빽빽하게 우거져 있고, 원숭이들이 나무 위에서 한가롭게 쉬고 있었어요. 새끼 원숭이의 이를 잡아 주던 엄마 원숭이가 욱이를 보더니 소리를 질렀어요. 낯선 침입자를 알리는 경고음이었어요. 숲은 삽시간에 원숭이들의 비명으로 가득 찼습니다. 욱이는 원숭이들이 공격해 올지도 모른다는 불안감에 사로잡혔죠. 그래서 냅다 뛰기 시작했어요. 가도 가도 끝없는 숲에서 욱이는 사슴도 만나고, 코끼리도 만났어요. 동물의 시체를 물어뜯고 있는 하이에나도 보았죠. 겁에 질린 욱이는 집으로 돌아가고 싶어졌어요. 동굴로 돌아가고 싶으면 아줌마를 세 번 부르라 그랬지? 욱이는 걸음을 멈추고 동굴 아줌마를 불렀어요.

"동굴 아줌마. 동굴 아줌마. 동굴······."

바로 그때, 나무 뒤에서 어떤 꼬마가 얼굴을 쏙 내밀었어요. 드디어 사람을 만난 욱이는 무척 반가웠어요.

"꼬마야!"

욱이가 부르자 꼬마는 다시 나무 뒤로 모습을 감춰 버렸어요. 욱이는 살금살금 꼬마 곁으로 다가갔어요. 그러다 이번엔 다시 얼굴을 내민 꼬마와 눈이 딱 마주쳤어요.

"찾았다!"

그런데 꼬마는 놀랐는지 눈이 똥그래졌어요. 욱이는 꼬마를 달래야겠다고 생각했어요.

"나 나쁜 사람 아냐. 너한테 물어볼 게 있는데, 잠깐 얘기 좀 할래?"

대답은커녕 꼬마는 달아나기 바빴어요. 욱이도 재빨리 꼬마를 뒤쫓아 갔어요. 그러다 그만 욱이는 나뭇등걸에 걸려 넘어지고 말았습니다. 무릎에서 피가 흐르자 욱이는 왈칵 눈물이 쏟아졌어요. 아픈 것보다 숲에 혼자 남아 있다는 사실이 무섭고 서러웠어요. 동굴 아줌마가 왜 날 여기로 보냈을까? 내가 겁쟁이라고 놀리는 걸까? 그때였어요.

"많이 아파?"

어느새 다가왔는지 꼬마가 옆에 서 있었어요. 가까이서 보니 가죽옷을 두른 모습이 어디서 많이 본 듯한 모습이었어요. 맞아! 지난번 아빠랑 구석기 잔치에 갔을 때 봤던 인형도 저런 옷을 입고 있었는데……. 그럼 여기가 구석기 시대? 욱이는 그제야 자기도 꼬마와 똑같은 옷을 입고 있다는 것을 깨달았어요. 동굴 아줌마가 이곳으로 보낼 때 욱이의 옷차림도 바꿔 버렸던 겁니다.

꼬마는 걱정스러운 얼굴로 욱이의 상처 난 무릎에 얼굴을 가까이 가져갔어요. 그러고는 호호 따뜻한 입바람을 불어 주었어요. 갸름한 얼굴에 쌍꺼풀 없는 눈이 동생처럼 귀여운 꼬마였어요. 욱이는 이 꼬마가 동굴 아줌마가 말한 따뜻하고 용감한 사람일지도 모른다는 생각이 들었습니다.

"난 장욱이라고 해. 꼬마야, 넌 이름이 뭐야?"

"내 이름은 홍수야."

그렇게 욱이는 4만 년 전 구석기 시대 홍수 아이를 만났습니다.

역사스페셜박물관

두루봉 동굴 발굴 모습 (충북대학교박물관)
두루봉 동굴의 두 번째 굴을 발굴하는 고고학자들의 모습입니다. 특히 이 두 번째 굴에서는 돌망치와 뼈 화석들이 엄청나게 많이 발견됐어요. 이것으로 보아 구석기 사람들이 동굴을 어떤 용도로 썼는지 엿볼 수 있어요. 아마도 이 동굴은 사냥한 짐승을 가져와서 가죽을 벗기고 고기를 잘랐던 곳이었던 것 같아요.

돌망치와 뼈 화석 (충북대학교박물관)
두루봉 동굴에서 나온 돌망치와 동물의 뼈 화석들입니다.

● 그렇다면 한반도에는 언제부터 사람이 살았을까요?

우리나라 구석기 유적 가운데 가장 오래된 것은 북한의 상원 검은모루 동굴 유적입니다. 이 동굴에서는 동물 뼈 20여 종과 석기가 나왔는데요, 지금부터 70~80만 년 전의 것이라고 해요. 따라서 한반도에는 아주 오래전부터 사람이 살고 있었던 것이죠. 하지만 이 시기 사람들이 우리들의 직계 조상인지는 아직 밝혀지지 않았어요.

상원 검은모루 동굴 (조선유적유물도감)

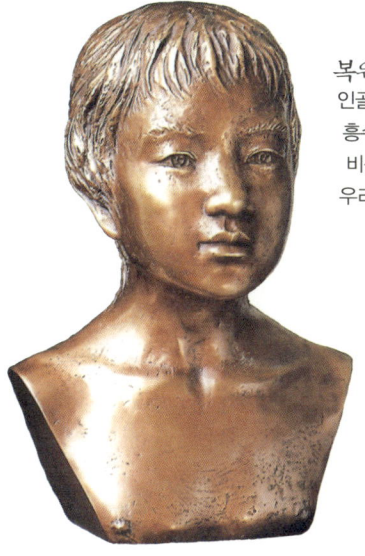

복원된 흥수 아이 (충북대학교박물관)
인골에 근육과 살을 붙여서 청동상으로 복원한 흥수 아이입니다. 지금의 한국인과 무척 비슷하게 생겼죠? 학자들은 흥수 아이가 우리들의 직계 조상이라고 말합니다.

흥수야!

흥수굴 (충북대학교박물관)
흥수 아이의 인골이 발견된 동굴이에요. 그래서 흥수굴이라고 해요.

구석기 시대란?
사람이 지구 상에 등장해서 처음으로 도구를 쓴 시기를 말해요. 이 시기는 250만 년 전부터 1만 년 전 사이를 가리키는데요. 무척 길지요? 맞습니다. 구석기 시대는 인류 역사의 99%를 차지한대요.

흥수 인골 (충북대학교박물관)
광산 소장인 김흥수 씨가 채석장을 둘러보다가 사람 뼈를 발견하고 고고학자한테 연락을 했어요. 그래서 흥수 아이가 세상에 알려졌지요. 흥수 아이는 4만 년 전 어린이로 나이는 다섯 살쯤이라고 해요.

코끼리는 왜 마을을 습격했을까?

너른 벌판 위에 집 십여 채가 옹기종기 모여 있습니다. 풀과 나뭇잎으로 지붕을 엮은 집이었어요. 집 앞에는 맑은 시냇물이 흐르고, 뒤로는 바위산이 버티고 서 있는데 욱이는 어디선가 많이 본 듯한 풍경이라 고개를 갸웃했습니다. 어디서 봤더라? 틀림없이 가 봤던 곳인데. 맞다, 채석장! 바로 동굴이 있던 곳이야!

구석기 시대에 떨어진 욱이는 모든 게 신기하고 재미있었어요. 마을 뒤 바위산에서는 돌 깨는 소리가 음악처럼 들려오고, 마을 빈 터에서는 아줌마들이 모여서 동물의 가죽을 손질하고 있었어요. 호호호 웃으며 즐겁게 얘기하던 아줌마들은 욱이가 다가가자 경계하는 눈빛을 띠었어요. 돌과 창을 집어 드는 사람도 있었죠. 홍수가 그 가운데 한 아줌마한테 달려갔어요. 홍수 말을 들은 아줌마는 그제야 오해를 푼 듯 욱이를 보고 살짝 웃어 주었지요. 아줌마는 홍수 엄마였어요.

"넘어져서 다쳤다고? 많이 아팠겠구나. 이리 들어오렴."
욱이는 아줌마를 따라 원뿔 모양 집으로 들어갔습니다.
"우리 홍수도 툭하면 넘어져서 오는데. 이걸 바르면 금방 나을 게야."
"고맙습니다, 아줌마."
아줌마는 냄새나는 풀을 짓이겨서 욱이의 상처에다 바른 다음 가죽으로 친친 동여매 주었어요. 풀물이 들어가자 무척 따가웠지만 아줌마가 걱정하실까 봐 욱이는 아픈 티를 내지 않았습니다. 아줌마는 그런 욱이가 무척 대견한 듯 머리를 쓰다듬으셨어요.
"배고프지? 조금만 기다려라. 홍수 아빠가 사슴고기를 굽고 있단다."
"사슴고기요?"
욱이는 놀라서 물었습니다.
"그래. 조금 전에 잡은 아주 싱싱한 사슴이야. 어린 사슴이라서 살이 아주 연하지."
아줌마는 자랑스럽게 말씀하셨죠. 그렇지만 욱이는 사슴고기란 말에 입맛이 뚝 떨어져 버렸어요. 숲에서 보았던 어린 사슴의 예쁘고 까만 눈동자가 떠올라서 도저히 사슴고기를 먹을 자신이 없었죠. 배는 고프지만 참아야겠다고 생각했어요. 그런데 쉽지가 않았어요. 살코기가 익는 구수한 냄새가 온 마을에 퍼졌습니다. 저녁을 먹으려고 마을 사람들이 모두 화덕 옆으로 모여들었어요. 아줌마가 익은 고기를 잘라서 사람들한테 나눠 주었어요. 가장 맛있는 부분은 홍수 아빠와 젊은 남자들한테 돌아갔어요. 식구들을 위해 목숨 걸고 사냥해 온 대가로 남자들은 좋은 고기를 먹었어요. 나머지는 여자들과 아이들이 나눠 먹었는데, 이렇게 고기를 나누는 데에 불평하는 사람은 아무도 없었어요.

"욱이는 왜 안 먹지?"

아줌마가 걱정스러운 듯 물었습니다.

"아직 배가 안 고파서요."

욱이는 사슴고기를 안 먹으려고 핑계를 둘러댔습니다. 그때였어요.

"꼬르륵, 꼬르륵."

욱이 배에서 배고프다는 신호가 울렸어요. 그것도 모두 들을 수 있게 아주 큰 소리였죠. 꼬르륵 소리나 방귀처럼 몸에서 나는 소리들은 왜 조절이 잘 안 되는 것일까요? 욱이는 창피해서 얼굴이 빨개졌어요.

"사슴고기가 입에 안 맞는 모양이구나?"

아줌마가 물었습니다. 욱이는 그제야 솔직하게 고개를 끄덕였습니다.

그러자 아줌마가 흥수한테 말했어요.

"흥수야. 집에 가서 형이 먹을 만한 것을 가져다줄래?"

"네."

흥수는 집으로 달려갔습니다. 구석기 시대 사람들은 수렵과 채집으로 얻은 먹을거리를 집 안에 구덩이를 파고 모아 두었어요. 흥수는 집 안 저장고에서 과일과 채소, 말린 멧돼지 고기 같은 욱이가 먹을 만한 것을 가져왔습니다. 욱이가 좋아하는 바나나와 야자나무 열매도 있었죠. 배가 무척 고팠던 욱이는 하나도 남김없이 모두 먹어 치웠죠.

구석기 마을 위로 붉은 노을이 졌습니다. 평화롭고 행복한 오후였죠. 밥을 다 먹은 사람들은 저마다 집으로 돌아가 쉬고 있었어요. 그런데 갑자기 땅이 울렸어요.

쿵! 쿵! 쿵! 천둥처럼 땅을 내리치는 소리와 함께 귀청을 찢는 울음소리가 들려왔어요.

"코끼리닷! 모두 피해!"

홍수의 삼촌이 외쳤어요. 겁에 질린 마을 사람들은 허겁지겁 달아났어요.

"형, 어서 날 따라와."

홍수가 욱이 손을 잡아끌었습니다.

"무슨 일이야? 왜 달아나는 거야?"

"코끼리가 쳐들어오고 있어. 여기 있다간 밟혀 죽는다고. 어서 뛰어."

욱이는 홍수를 따라 달렸어요. 몸을 피한 곳은 바위산에 뚫려 있는 자연 동굴이었어요. 다행히 마을 사람들 모두 탈 없이 동굴로 몸을 숨겼어요. 자연 재해나 동물로부터 미처 생각치 못한 습격을 당할 때 동굴은 가장 안전한 보금자리였어요. 동굴에 모인 마을 사람들은 조마조마한 마음으로 코끼리가 돌아가기만을 기다렸습니다.

"코끼리가 왜 너희 마을을 습격하는 거야?"

욱이가 궁금해서 홍수한테 물었습니다.

"나도 몰라. 어느 날 갑자기 나타나서 마구 행패를 부리고 있거든. 얼마 전엔 옆집 아저씨가 코끼리 코에 맞아 죽었어."

홍수는 그때가 떠오르는지 시무룩한 얼굴로 말했어요.

"어유, 불쌍해라."

"그런데 그 녀석 정말 이상해."

"그 녀석이라면 저 코끼리 말이야? 왜?"

욱이가 물었어요.

"지난번에 나무 뒤에 숨어서 그 녀석을 훔쳐봤는데 눈물을 뚝뚝 흘리고 있었어."

"코끼리가 울고 있었다고?"

욱이가 믿어지지 않는다는 듯 되묻자 홍수가 대답 대신 고개를 끄덕였습니다.

"코끼리가 너희 마을에 원한이 있는 게 아닐까?"

"원한?"

홍수는 이해가 안 간다는 듯이 고개를 갸우뚱했습니다. 욱이의 동생도 문제를 풀다가 정답을 모를 때는 꼭 이런 얼굴을 합니다. 그럴 때마다 욱이는 보기를 들어 쉽게 설명을 해 주곤 했어요.

"내 말이 무슨 말이냐면 방글라데시라는 곳에서 어떤 마을 사람들이 코끼리 습격을 받았대. 나중에 알고 보니까 사람들이 코끼리의 보금자리였던 숲을 빼앗아서 복수를 한 거였대."

그러자 홍수가 자신 있게 말했어요.
"우린 코끼리 숲을 안 빼앗았어."

그렇다면 왜 코끼리가 마을을 습격하는 것일까요? 욱이는 까닭을 못 밝힌 게 못내 아쉬웠습니다. 밖이 조용해지자 사람들은 모두 동굴을 나와서 집으로 돌아갔습니다. 하지만 코끼리가 휩쓸고 지나간 자리엔 멀쩡한 거라곤 아무것도 없었어요. 애써 지은 집은 무너지고, 햇빛에 말려 놓은 가죽들은 찢기고, 저장고의 먹을거리들도 모두 못 쓰게 되었죠. 성이 난 홍수 아빠가 마을 회의를 열었습니다.

욱이와 홍수도 한쪽 구석에서 어른

들이 하는 회의를 지켜봤습니다.

"이젠 도저히 용서할 수 없습니다. 이번에도 가만히 놔두면 저놈은 또 습격해 올 겁니다. 당장 코끼리를 잡으러 갑시다."

아저씨가 흥분한 목소리로 마을 사람들한테 말했습니다.

"그럽시다! 당장 사냥을 가자고요."

마을 사람들도 아저씨 말에 따랐어요. 당장이라도 코끼리 사냥을 떠날 참이었지요. 그때 느닷없이 홍수가 끼어들어 말했어요.

"아빠, 우리가 코끼리한테 잘못한 게 있나요?"

"그게 무슨 말이냐?"

아저씨가 물었습니다.

"이 형이 그러는데 우리가 코끼리한테 잘못해서 코끼리가 되갚는 거래요."

"야, 내가 언제?"

욱이는 홍수 옆구리를 쿡 찔렀습니다. 사람들 눈이 쏠리는 게 부담스러워서 자기도 모르게 거짓말을 하고 말았습니다. 내가 왜 그랬을까? 자기의 비겁한 행동을 꾸짖고 있는데 아저씨의 무거운 목소리가 들려왔습니다.

"지난 가을이었다. 사냥을 나간 우리는 숲에서 어린 사슴을 발견했지. 그런데 어린 사슴한테 던진 돌창이 잘못 날아가서 코끼리 대장의 등에 맞았어. 성난 코끼리는 우리 쪽으로 달려왔지. 모두를 밟아 죽이려고 했단다. 우린 살아남으려고 어쩔 수 없이 코끼리를 죽여야 했어. 나중에 알았는데 죽은 코끼리 옆에 아기 코끼리 한 마리가 서 있더구나."

이제야 코끼리가 왜 마을을 습격하는지 궁금증이 풀렸습니다. 엄마를 잃은 아기 코끼리가 어른이 돼서 마을 사람들한테 복수를 하고 있는 것이었어요.

"하지만 우린 코끼리를 없애지 않으면 안 된다. 난 내 식구를 지켜야 하니까 반드시 그 코끼리를 잡을 것이다."

아저씨는 굳게 다짐하며 말했어요. 마을 사람들도 모두 아저씨 뜻을 따르기로 했습니다.

역사스페셜박물관

두루봉 동굴에서 나온 원숭이 뼈
원숭이는 아열대 또는 열대 지방에 사는 동물이에요. 우리나라 구석기 유적에서는 원숭이 뼈가 흔하게 보여요. 이것은 오래전에 한반도 날씨가 무척 더웠다는 증거이기도 합니다. (충북대학교박물관)

크로쿠타 머리뼈
지금은 사라지고 없는 동물이라고 해요. 구석기 때에는 이렇게 지금은 볼 수 없는 동물들이 초원을 누비고 있었지요. (충북대학교박물관)

코끼리 상아
두루봉 동굴에서 나온 코끼리 상아. 우리가 살고 있는 한반도에 코끼리가 살았다는 게 믿어지세요? (충북대학교박물관)

복원된 구석기 시대 집
구석기 유적에서 발견된 집 자리를 바탕으로 복원한 구석기 집입니다. 인구가 늘면서 동굴이 모자라자 구석기 사람들은 땅 위에 집을 짓고 살았어요. 집 안쪽은 네다섯 사람이 살 수 있는 넓이로, 가운데에 불을 피우는 화덕을 놓고, 구덩이를 파서 곡식을 모아두었어요. (충북대학교박물관)

부럽지롱

구석기 마을의 석기 제작소

마을 여자들은 빈 터에 모여서 지붕을 새로 만들었어요. 네 집 내 집 안 가르고 모두가 힘을 모았죠. 욱이는 홍수와 함께 숲으로 갔습니다. 지붕을 엮는 데 쓰일 재료를 모아 오려고요. 숲 속엔 질긴 풀과 나무줄기들이 많았어요. 그런데 질긴 나무줄기는 손으로 아무리 잡아당겨도 좀처럼 안 잘렸어요. 욱이는 소풍 가방 속에 들어 있는 맥가이버 칼이 무척 그리웠죠. 이럴 줄 알았으면 소풍 가방을 가져오는 건데. 그때 홍수가 작은 돌을 내밀었어요.

"이 자르개를 써 봐. 날카로우니까 손 안 베게 조심하고."

홍수가 건네준 돌멩이는 손에 쏙 들어갈 만큼 작았습니다. 한쪽은 뭉툭한데 다른 한쪽은 제법 날카로운 날이 서 있었죠.

'이까짓 돌멩이가 줄기를 자를 수 있을까?'

욱이는 별 기대도 안 하고 자르개 날을 줄기에 갖다 댔어요. 가볍게 자르는 시늉만 했을 뿐인데 놀랍게도 나무줄기가 단숨에 잘렸어요.

"우아! 신기하다."

"거 봐. 내가 날카롭다고 했잖아."

"홍수야. 이 자르개는 누가 만든 거야?"

욱이가 물었습니다. 홍수는 어깨를 활짝 펴고 말했어요.

"우리 아빠. 아빠가 석기 제작소의 대장이거든."

바위산 허리쯤에 있는 자연 동굴 여러 개 가운데 하나에 구석기 마을의 석기 제작소가 있습니다. 욱이는 석기 제작소가 어떤 곳인지 궁금해서 참을 수가 없었어요. 욱이는 홍수를 졸라 동굴로 찾아갔습니다. 석기 제작소 안으로 들어가자 돌 깨는 소리가 귀청이 따갑게 울려 퍼졌어요.

"아빠!"

"어, 홍수 왔냐? 욱이도 왔구나."

"예, 석기가 어떻게 만들어지는지 궁금해서 구경하러 왔어요."

"그래, 잘 왔다."

홍수 아빠는 코끼리 사냥에 쓸 무기를 만들고 있었어요.

"지금 아저씨가 만들고 있는 돌은 어디에 쓰는 거예요?"

"이것 말이냐? 이건 찌르개라고 하는 건데, 짐승이 가까이 오면 급소를 찌를 때 아주 쓸 만하지. 어떠냐? 꽤 날카롭지?"

아저씨는 자랑스러운 듯 말씀하셨습니다. 하지만 욱이는 왠지 걱정스러운 얼굴이었어요.

"왜 그러냐?"

아저씨가 욱이 얼굴을 보고 물으셨어요.

"아저씨 말씀처럼 맹수가 가까이 올 때만 쓸 수 있다면 너무 위험하지 않을까요? 찌르개를 쓰기 전에 맹수가 먼저 공격을 하면 어떡하죠?"

"하하하."

아저씨는 대수롭지 않다는 듯 웃으셨어요.

 "욱이 네 말이 맞다. 밀림엔 무서운 짐승이 아주 많지. 맨주먹은 물론, 웬만한 무기로도 맹수를 넘어뜨리기 어렵단다. 그래서 사람들은 맹수를 물리칠 수 있는 많은 석기들을 개발해 왔어. 자, 이걸 보렴."
 아저씨가 보여 준 것은 나뭇잎처럼 생긴 돌이었어요.
 "어? 돌이 꼭 나뭇잎처럼 생겼어요."

"형. 이건 슴베찌르개라고 하는 거야."

홍수가 옆에서 아는 척을 했습니다.

"홍수도 이제 제법 석기를 구별할 줄 아는구나. 맞다. 이건 슴베찌르개라고 하는 무기지. 긴 나무 끝에 이걸 매달면 창처럼 쓸 수 있어서 맹수가 달려들기 전에 찔러 죽일 수 있지. 이제 걱정이 좀 덜어졌어?"

욱이는 고개를 끄덕였어요.

"자, 이젠 돌날을 만들어 볼까?"

"아빠, 돌날은 어떻게 만드는 거예요?"

홍수가 눈을 반짝이며 물었습니다.

"허허. 돌날은 홍수가 만들기엔 어려운 기술이야."

"그래도 가르쳐 주세요."

홍수가 아빠를 졸랐습니다.

"그래, 그래. 알았다. 아빠가 하는 걸 잘 보아라."

아저씨가 두 손에 돌을 집어 들었어요. 한 손에 들고 있던 돌로 다른 손에 쥐고 있는 돌을 꾹 누르자, 마치 종잇장처럼 얇은 돌조각이 떨어져 나갔죠.

"우아!"

홍수가 흥분해서 손뼉을 쳤어요.

"아빠, 나 이걸로 조각해도 되죠?"

홍수가 돌날을 집어 들자, 아저씨가 놀라며 말했어요.

"홍수야, 조심해야 한다. 이건 지금까지 만든 석기 가운데 가장 날카롭거든."

"알았어요, 아빠. 조심해서 다룰 테니까 걱정 마세요."

홍수는 땅에 떨어진 납작한 돌을 주워 그 위에다 돌날로 그림을 새기기 시작했어요. 그런 홍수를 지켜보는 아저씨 얼굴엔 흐뭇한 웃음이 번졌습니다.

만약 구석기 사람들이 석기를 만들지 못했다면 인간의 운명은 어떻게 됐을까요? 욱이는 구석기 마을의 석기 제작소가 그 어느 웅장한 제철 공장보다도 멋져 보였어요. 그리고 돌을 다듬어 필요한 도구를 만들어 썼던 구석기 사람들이 무척 존경스러웠어요.

역사스페셜박물관

주먹도끼 (충북대학교박물관)
구석기 시대를 대표하는 석기입니다. 한반도에서는 기술에서 앞선 주먹도끼가 쓰이지 않았다는 게 그동안 널리 알려져 있어요. 그런데 경기도 연천 전곡리에서 주먹도끼가 발견되면서 세계 구석기 역사가 다시 씌어졌지요. 이 석기는 찍는 날과 자르는 날이 모두 있어서 구석기 시대의 맥가이버 칼이라고 할 수 있어요.

● 구석기 시대의 석기

구석기 사람들이 개발한 여러 가지 석기들입니다.
구석기 사람들이 땀 흘려 애쓴 끝에 차츰차츰 작고 성능이 좋은 석기들이 개발됐지요.

새기개 (단국대학교박물관)
나무나 뼈에 선이나 그림을 새길 때 씀.

긁개 (충북대학교박물관)
동물의 가죽을 벗기거나 고기를 저밀 때 씀.

슴베찌르개 (충북대학교박물관)
긴 나무 끝에 매달아 창처럼 찌르는 데 씀.

찍개 (충북대학교박물관)
동물의 뼈를 찍어서 골수를 파먹거나 거친 나무를 다듬을 때 씀.

 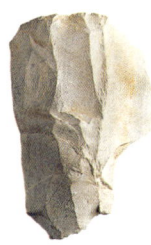

밀개 (충북대학교박물관)
주로 나무껍질을 벗겨 내는 데 씀.

돌날 (국립중앙박물관)
자르거나 다듬는 데 씀.

석기 제작소 터(충북대학교박물관)
커다란 돌 둘레에 얇은 돌조각들이 흩어져 있어요. 단양 수양개 구석기 유적에서 발견된 석기 제작소 터입니다. 저 작은 돌을 어떻게 만들어 냈을까요?

●뗀석기 만드는 방법

돌을 깨뜨리거나 떼내어 만든 도구를 뗀석기라고 해요. 뗀석기의 종류에 따라 만드는 방법이 달랐어요.

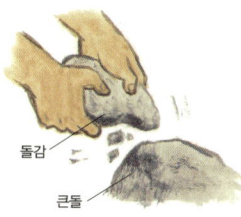
돌감
큰돌

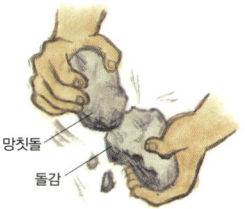
망칫돌
돌감

모루떼기
석기 만든 방식 가운데 가장 간단한 것으로, 두 손으로 돌감을 쥐고 땅 위에 있는 큰돌에 내리쳐서 떼낸 돌조각을 그대로 씁니다.

직접떼기
두 손에 저마다 돌감과 망칫돌을 쥐고 망칫돌로 돌감을 직접 때려서 만듭니다.

간접떼기
망칫돌로 직접 돌감을 안 때리고, 뼈나 뿔로 돌감을 때려 만듭니다.

눌러떼기
뾰족한 뿔 도구로 돌에 오랫동안 힘을 주면 원하는 크기만큼 돌을 떼어 낼 수 있어요. 이 기술이 생겨 나면서 작고 정교한 석기를 만들 수 있었지요.

와 신기해!

동물과 인간, 전쟁과 평화

코끼리 사냥을 떠나기에 앞서 마을 사람들은 모두 동굴에 모여 제사를 지냈어요. 사냥을 떠나는 남자들이 안전하게 돌아오기를 비는 제사였어요. 마을에서 가장 나이가 많은 여자가 마을 사람들을 대표해서 곰 뼈와 사슴 뼈를 놓고 기도를 올렸죠. 욱이도 곰 뼈와 사슴 뼈 앞에서 아저씨들이 탈 없이 돌아오게 해 달라고 빌었습니다.

드디어 마을 남자들이 사냥을 떠날 시간이 다가왔어요. 여자와 아이들은 멀리 개울가까지 따라 나와 배웅했어요. 어쩌면 이것이 마지막 만남이 될지도 모르기 때문에 모두가 긴장되고 걱정스런 얼굴들이었죠. 마을 남자들은 식구들을 안심시킨 뒤에 씩씩하게 개울을 건넜어요. 남자들이 숲 속으로 들어가자 배웅을 나온 사람들은 모두 집으로 돌아갔어요. 욱이도 발길을 돌리려던 참이었죠. 그런데 홍수가 안 보였어요. 어디 갔지? 두리번거리면서 홍수를 찾고 있는데 커다란 나무 뒤에서 홍수가 얼굴을 쏙 내밀었어요.

"깜짝이야. 간 떨어질 뻔했잖아."

"미안. 엄마랑 다른 사람들은 모두 갔어?"

흥수가 조심스레 둘레를 살피면서 물었어요.

"응. 그런데 넌 왜 여기에 숨어 있어?"

그러자 흥수는 욱이가 전혀 짐작치 못한 말을 했어요.

"형, 우리도 사냥 따라갈래?"

"뭐? 사냥?"

무서워서 못 가겠다는 말이 목까지 차올랐어요.

'못 가겠다고 말할까? 아냐. 그럼 흥수가 날 우습게 보겠지?'

이렇게 갈등을 하는 사이 욱이는 어느새 숲 속 깊숙이 들어와 버리고 말았습니다. 돌아가기엔 너무 늦어 버렸죠.

"저기 있다!"

흥수가 작은 소리로 말하며 한쪽을 가리켰어요. 저만치 앞에서 사냥을 떠난 아저씨들이 걸어가고 있었어요.

"어! 저쪽에 코끼리가 있어."

이번엔 욱이가 소리쳤습니다. 덩치가 산만 한 코끼리가 모습을 드러냈습니다. 마을을 습격했던 바로 그 코끼리였어요.

"형, 빨리 나무 위로 올라가."

"알았어."

욱이는 정신없이 나무 위로 기어 올라가 나뭇가지에 걸터앉았어요. 어느새 홍수도 그 옆에 자리를 잡고 앉았습니다. 위에 있으니까 사냥꾼 아저씨들과 코끼리가 한눈에 내려다보였어요. 상대방의 움직임을 살피며 가만히 서 있을 뿐 아직 어느 쪽도 공격을 시작하지 않았죠. 사냥꾼 아저씨들은 코끼리가 너무 멀리 떨어져 있어서 공격하기가 쉽지 않았어요. 거리를 좁히려고 사냥꾼 아저씨들은 조심스럽게 코끼리한테 다가섰습니다. 코끼리는 무슨 속셈인지 꼼짝도 않고 그 자리에 서 있었죠.
 거리가 알맞게 되자 홍수 아빠가 손을 번쩍 들었어요. 사냥꾼 아저씨들은 신호에 맞춰 한꺼번에 코끼리한테 슴베찌르개를 던졌어요. 창에 매달린 슴베찌르개는 코끼리의 머리와 등에 꽂혔죠. 그러나 코끼리를 쓰러뜨리기엔 어림도 없었죠. 창에 맞은 코끼리는 두 발을 높이 치켜들었다가 쿵 하고 다시 땅에 내려놓았어요.

지진이 일어난 것처럼 땅이 흔들렸죠. 그 충격으로 사냥꾼 아저씨들은 땅에 주저앉았고, 욱이와 홍수도 하마터면 나무에서 떨어질 뻔했어요. 다시 일어선 사냥꾼 아저씨들이 코끼리한테 가죽 주머니에 담아 온 석기들을 던졌어요. 모두 끝을 뾰족하게 만든 무기였죠. 물론 아저씨들도 이런 석기로 코끼리를 잡을 수 있다고 생각한 건 아니었어요. 코끼리를 꾀어내려고 석기를 던졌지요. 코끼리 같은 큰 동물들은 손으로 잡기보다는 구덩이나 절벽으로 이끌어서 잡는 것이 훨씬 이로우니까요.

코끼리는 성이 났는지 조금씩 발을 움직였어요. 사냥꾼 아저씨들은 두 무리로 나뉘어서 달렸어요. 한쪽은 절벽, 한쪽은 구덩이 쪽이었죠. 코끼리가 따라간 쪽은 절벽, 더 정확히 말하면 홍수 아빠였어요. 다른 사냥꾼들은 본 체 만 체 홍수 아빠의 뒤만 쫓아갔으니까요.

"코끼리가 너희 아빠만 따라가. 아무래도 너희 아빠가 자기 엄마를 죽인 걸 기억하나 봐."

"어떡하지? 아빠는 다리를 다쳐서 달리기를 잘 못하는데."

홍수는 아빠가 걱정스러웠습니다. 홍수의 걱정대로 아저씨와 코끼리 사이는 차츰 줄어들었어요. 나무 위에서 지켜보고 있던 욱이는 조마조마해서 입이 바짝바짝 탔어요. 절벽은 아직 멀었는데 코끼리가 다가오자 아저씨는 어쩔 수 없이 정면 승부를 해야 했어요. 잽싸게 돌아서 슴베찌르개 창으로 코끼리 목을 찔렀어요.

그러자 코끼리는 성이 났는지 긴 코로 창을 쳐서 빼냈어요. 이번엔 아저씨 쪽으로 코를 휘둘렀어요. 코끼리 코에 맞은 아저씨는 공중으로 붕 뜨더니 저만치 나가떨어졌죠. 떨어질 때 다리가 부러져서 꼼짝도 할 수 없었어요. 코끼리는 바닥에 누워 있는 아저씨 쪽으로 천천히 다가갔어요. 그대로 놔두면 아저씨는 코끼리 발에 밟혀 죽을지도 몰라요.

하지만 아저씨를 구하려고 그 누구도 나설 엄두를 못 냈어요. 성난 코끼리를 건드렸다가 도리어 화를 입을지도 모르는 일이었으니까요. 그런데 그때 용감하게 나선 사람이 있었어요. 바로 홍수였습니다.

"홍수야, 위험해!"

욱이가 말리기도 전에 벌써 홍수는 나무를 내려갔어요. 그러고는 쏜살같이 아빠 쪽으로 달려갔어요. 한편 코끼리는 다리가 부러져서 꼼짝 못하는 아저씨를 물끄러미 내려다보더니 곧 한 발을 높이 치켜들었어요. 욱이는 눈을 감았어요. 도저히 다음 장면을 지켜볼 자신이 없었어요. 제발, 누가 코끼리 좀 말려 줘요. 욱이가 마음속으로 간절하게 기도를 올리던 그때였어요.

"코끼리야, 멈춰!"

홍수는 어느새 코끼리 앞에 서 있었어요. 홍수의 당당한 몸짓에 코끼리는 까만 눈을 껌뻑거리더니 치켜들었던 한쪽 발을 가만히 내려놓았습니다.

"홍수야, 어서 달아나. 이 녀석은 너까지 해칠지도 몰라. 아빠는 괜찮으니까 어서 가!"

아빠가 외쳤지만 홍수는 말을 안 들었어요.

"싫어요! 이대로 아빠를 놔둘 수는 없어요."

코끼리는 긴 코로 나무를 치면서 홍수를 겁주었어요. 하지만 홍수는 꼼짝하지 않고 코끼리를 노려봤습니다.

"너희 엄마를 죽인 건 어쩔 수 없는 일이었어."

홍수는 코끼리한테 말했습니다. 코끼리는 이번엔 커다란 울음소리를 내면서 홍수를 겁주었어요. 홍수도 지지 않고 소리쳤습니다.

"우리 아빠도 어쩔 수 없었어. 너희 엄마가 사냥꾼들을 죽이려 했으니까."

홍수는 코끼리가 이해해 주기를 바라며 간절하게 말했습니다.

"너도 너희 엄마가 죽어서 슬펐지? 나도 우리 아빠가 죽으면 슬플 거야. 너희 엄마를 죽인 건 내가 대신 사과할게. 그러니까 우리 아빠를 용서해 줘."

코끼리가 홍수 말을 알아듣는다면 얼마나 좋을까요? 욱이는 그럴 리가 없다고 생각했어요. 홍수까지 위험에 빠질 게 뻔하다고요. 그런데 이상한 일이 벌어졌어요. 홍수 말이 끝나자 성을 내던 코끼리가 조용해진 것입니다. 한동안 숲 속엔 숨막히는 침묵만 흘렀어요. 욱이도, 홍수도, 사냥꾼 아저씨들도 모두 숨죽여서 코끼리의 반응을 기다렸어요.

바로 그때, 코끼리의 까만 눈동자에서 주르륵 눈물이 흘러내렸습니다. 사람들은 모두 깜짝 놀랐어요. 더 놀라운 건 코끼리의 다음 행동이

었습니다. 코끼리는 홍수한테 귀를 몇 번 팔락거리더니 얌전히 돌아서 걸어갔어요. 홍수의 용기가 코끼리 마음을 돌려놓은 것일까요. 욱이는 홍수와 코끼리가 서로 말은 안 통하지만 진심은 통했을지도 모른다고 생각했어요.

"코끼리야. 식구들이랑 행복하게 오래오래 살아야 해!"

홍수는 멀어지는 코끼리를 보고 손을 흔들어 주었어요. 코끼리는 대답 대신 꼬리를 살랑살랑 흔들었죠.

"우리 홍수가 아빠 목숨을 살렸구나."

"히히히."

홍수는 뿌듯해서 어깨를 으쓱했습니다. 욱이도 용감한 소년 홍수가 자랑스러웠습니다. 코끼리가 떠난 뒤 사냥꾼들은 아저씨를 부축하고 집으로 돌아갔습니다. 숲 속엔 홍수와 욱이만 남았지요. 진짜 무서운 일이 벌어진 것은 바로 그때부터였어요.

역사스페셜박물관

구석기 시대의 뼈다귀
구석기 시대 사람들은 뼈를 아주 소중하게 여겼어요. 뼈 안에 영혼이 있다고 생각했으니까요. 그래서 뼈를 모셔 놓고 제사를 지내고, 뼈에다 조각을 새기기도 했습니다.

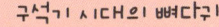

구석기 사람들의 신앙
두루봉 처녀굴에서 나온 곰 뼈와 사슴 뼈입니다. 특이하게도 이 뼈들은 모두 동쪽을 보고 있었어요. 여기에는 어떤 뜻이 담겨 있을까요? 먼 옛날 사람들은 곰과 사슴을 숭배했습니다. 아마도 구석기 사람들은 이곳에서 곰과 사슴한테 제사를 지낸 게 아닐까요? (충북대학교박물관)

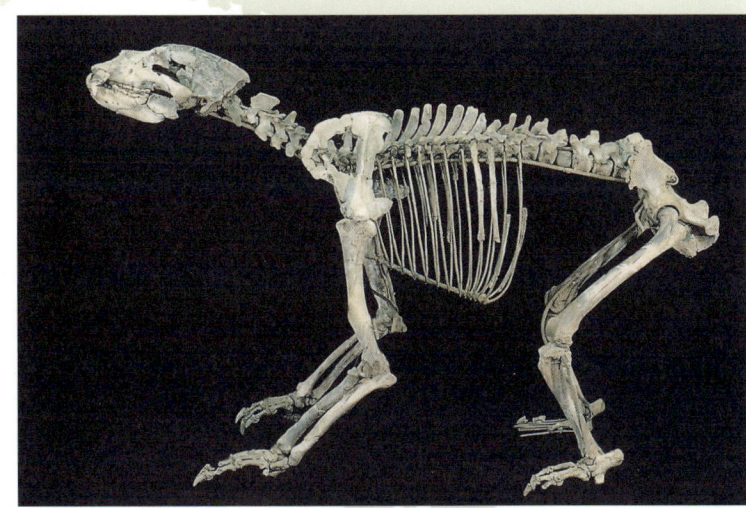

복원된 동굴곰
두루봉 동굴에서 발견된 곰의 뼈를 모두 맞춰 보았어요. 그랬더니 이런 모습의 동굴곰이 되었습니다. 이렇게 완벽한 동굴곰 모습이 나온 것은 세계의 구석기 유적 가운데 하나뿐이라고 합니다. (충북대학교박물관)

쌍코뿔소와 벌인 한판 승부

구석기 사람들한테 숲은 아주 특별한 곳입니다. 어른들한테는 싱싱한 열매와 맛있는 고기를 주는 사냥터지만, 아이들한테는 놀이 기구가 널려 있는 놀이터지요. 홍수는 아주 어릴 때부터 나무를 타고 놀아서 나무타기 솜씨가 뛰어난 아이였어요. 하지만 욱이가 나무를 타 본 건 태어나서 처음이었어요.

"거기서 안 내려오고 뭐해?"

나무 위에서 우물쭈물하는 욱이한테 홍수가 말했어요.

"내려갈 거야. 그런데 내가 고소 공포증이 있어서 내려가기가 무서워."

"고소 공포증?"

홍수가 물었습니다.

"응. 높은 데 올라가면 무서워서 머리가 막 어지러워지는 병이야."

욱이가 말했습니다. 그러자 홍수가 이해가 안 된다는 듯 고개를 갸웃

했어요.

"그런데 거긴 어떻게 올라갔어?"

"그게 나도 궁금해. 내가 여길 어떻게 올라왔는지?"

갑자기 일어난 일이라 욱이도 어떻게 나무 위로 올라왔는지 기억이 안 납니다. 아저씨들이 사냥하는 모습을 보고 싶다는 생각에 고소 공포증을 잠깐 잊었던 모양이에요.

"이제 좀 있으면 어두워질 텐데."

흥수가 걱정스럽다는 듯이 혼잣말을 하며 욱이를 올려다봤습니다.

"알았어, 알았다고. 어두워지면 위험하다 이거지? 내려간다고."

욱이는 한참 동안 어린 흥수 앞에서 이런 모습을 보이는 게 창피해서 짜증이 났습니다. 난 왜 이렇게 겁이 많을까? 나보다 어린 흥수는 저렇게 용감한데. 욱이는 용기를 내서 한 발을 나무 아래로 내디뎌 보았어요. 갑자기 발이 주르륵 미끄러졌어요. 깜짝 놀란 욱이는 안 떨어지려고 나무 기둥을 꼭 껴안았습니다. 한참 미끄러진 것 같은데, 아래를 내려다보니 아직도 까마득합니다.

"아래를 보지 마. 그럼 더 어지러워. 하늘을 보고 천천히 내려와."

흥수가 어른스럽게 말했어요.

"알았어."

"먼저 두 발로 나무를 꼭 감아. 그럼 두 팔이 자유롭지? 이번엔 두 팔을 조금 내려서 나무를 꼭 잡아. 그렇게 번갈아 가면서 내려오면 돼."

욱이는 홍수가 시키는 대로 해봤어요. 하지만 말처럼 쉽지만은 않았어요. 진땀이 나서 손바닥은 미끄럽고, 이마로 흐르는 땀이 눈에 들어가서 눈을 뜰 수가 없었어요. 안 되겠는지 홍수가 소리쳤어요.

"형, 거기 가만히 있어. 내가 가서 사람들을 불러올게."

"알았어. 빨리 갔다 와."

홍수가 사람들을 부르러 마을로 달려가려던 그때였어요. 맞은편에서 코끼리만큼이나 몸집이 큰 동물이 나타났어요. 뿔이 두 개나 달린 쌍코뿔소였습니다. 쌍코뿔소는 달려가는 홍수를 적으로 보았는지 쏜살같이 홍수를 쫓아갔어요.

"홍수야, 쌍코뿔소야. 어서 달아나!"

홍수는 원숭이처럼 빠른 몸짓으로 둘레에 있는 나무를 타고 올라갔어요. 그러자 쌍코뿔소는 홍수가 올라간 나무를 뿔로 들이받았어요. 쿵! 쿵! 쌍코뿔소 뿔이 여러 번 나무를 찍자 그 충격에 홍수가 붙잡고 있던 나뭇가지가 뿌지직 소리를 내면서 부러져 버렸어요. 홍수는 그대로 땅으로 떨어졌습니다.

"홍수야!"

욱이는 홍수를 큰 소리로 불렀어요. 하지만 홍수는 대답이 없었어요.

쌍코뿔소는 콧김을 내뿜으며 흥수한테 달려들 참이었어요.

'그냥 놔두면 흥수가 위험할 텐데 어떡하지?'

욱이는 여기서 달아나고 싶다는 생각이 들었어요. 동굴로 다시 돌아가 버리면 그만일 거라는 생각이었죠. 욱이는 동굴 아줌마를 불렀어요.

"동굴 아줌마. 동굴 아줌마······."

이제 한 번만 더 부르면 이곳을 떠날 수 있습니다. 하지만 욱이는 동굴 아줌마를 안 불렀어요.

'이게 모두 다 나 때문이야. 내가 여기서 머뭇거리지만 않았어도 이런 일은 없었을 텐데. 그러니까 비겁하게 달아나면 안 돼. 흥수를 구해야 해!'

이렇게 생각하자 욱이는 이상하게 힘이 생기는 것 같았어요. 욱이는 나무 아래를 내려다봤어요. 더 이상 어지럽지도 않았어요. 흥수가 알려 준 방법대로 욱이는 재빠르게 나무에서 내려오려고 했습니다. 마음이 급해지자 가운데쯤에선 아예 미끄럼을 타듯 주르륵 미끄러졌어요. 손바닥이 다 까졌지만 아픈 것도 몰랐죠. 나무에서 내려온 욱이는 쌍코뿔소를 보고 정신없이 두 팔을 흔들었습니다.

"쌍코뿔소야. 여기야, 여기. 나 여깃지롱."

욱이가 약을 올리자 쌍코뿔소는 이번엔 욱이한테 달려들었어요. 욱이는 죽을힘을 다해 달렸어요. 나무가 많은 숲에선 욱이처럼 몸집이 작은 게 유리했어요. 나무 사이로 요리조리 피해 다니면 몸집이 큰 코뿔소는 쫓아오기가 쉽지 않았어요. 그렇게 힘겹게 코뿔소를 따돌리고 있는데 반가운 목소리가 들려왔습니다.

"욱아! 코뿔소를 서쪽으로 몰아."

사냥꾼 아저씨들이었어요. 한참이 지나도 홍수와 욱이가 안 돌아오자 아저씨들이 걱정이 돼서 다시 찾으러 온 것입니다.

'서쪽이면 해가 지는 쪽이지?'

욱이는 하늘을 보고 노을이 지는 서쪽으로 달렸습니다. 한참 달리자 뒤에서 갑자기 쿵 하는 소리가 났어요. 돌아보니 쫓아오던 쌍코뿔소가 안 보였어요. 쌍코뿔소는 사냥꾼들이 미리 파 놓은 구덩이에 빠진 채 허우적거리고 있었어요. 사냥꾼 아저씨들은 쌍코뿔소한테 날카로운 석기와 슴베찌르개 창을 던졌습니다.

쌍코뿔소 사냥에 성공했지만 욱이는 하나도 기쁘지 않았습니다. 나무 위에서 떨어진 홍수가 벌써 며칠째 깨어나지 못하고 있으니까요. 홍수가 깨어나길 바라는 마음으로 마을 사람들 모두 동굴에 모여 제사를 지내고 정성껏 간호도 했지만, 아쉽게도 용감한 소년 홍수는 끝내 머나먼 곳으로 떠나고 말았습니다. 다시는 돌아오지 못할 하늘나라로 말입니다.

역사스페셜박물관

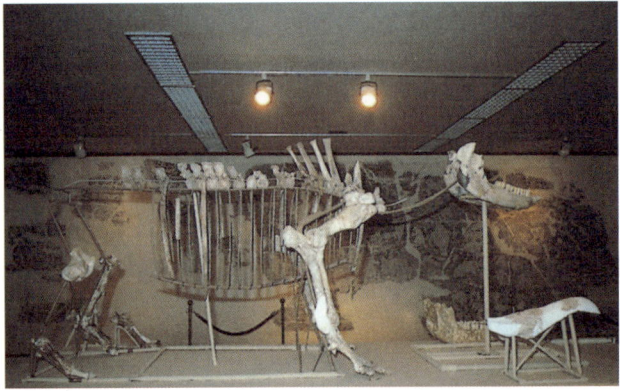

복원한 쌍코뿔소
두루봉 동굴에서 발굴된 쌍코뿔소는 빙하기가 끝나 가는 후기 구석기 시대에 사라진 동물입니다. 구석기 사람들은 이렇게 사나운 맹수들과 맞서서 싸워야 했어요. 마침내 치열한 생존 경쟁에서 끝까지 살아남은 쪽은 사람이었지요.
(충북대학교박물관)

구석기 시대 한반도의 숲 (참나무와 피나무 꽃가루 현미경 사진)
참나무 꽃가루(위)는 옆에서 바라본 모습입니다. 피나무 꽃가루(아래)는 위에서 바라본 모습입니다. 피나무와 참나무는 더운 기후에서 자라는 활엽수들이에요. 흥수 아이가 살던 시대의 한반도 숲에는 이런 활엽수들이 우거져 있었어요. (성균관대학교 생명과학과 식물분류학 실험실)

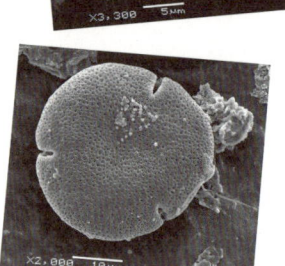

빙하기와 간빙기
지구가 만들어진 뒤 빙하기가 모두 네 차례 있었어요. 구석기 시대의 모든 생명체는 빙하기라는 냉혹한 시련을 이겨 내야 했어요. 인류도 마찬가지였죠. 하지만 겨울이 지나면 봄이 오듯 빙하기를 이겨 낸 두루봉 사람들 앞에는 간빙기가 찾아옵니다. 날씨가 따듯해지는 간빙기엔 온갖 생명체들이 기지개를 펴지요. 간빙기의 어느 한 시점이었던 20만 년 전엔 한반도가 지금처럼 사계절이 뚜렷한 몬순 기후가 아니라 여름이 길고 더운 아열대 기후였다고 해요.

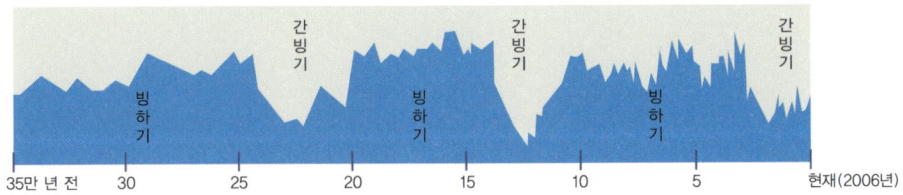

그대 가는 길에 꽃을 뿌리리

긴 여름의 끝을 알리듯 마을 둘레엔 국화꽃이 흐드러지게 피었습니다. 더없이 청명한 가을날이었지만 홍수의 죽음으로 구석기 마을은 우울하기만 했습니다. 바위산에서 들려오던 돌 깨는 소리도, 마을 빈 터에 모여 가죽을 손질하며 나누던 이야기 소리도 안 들렸습니다. 조용하고 쓸쓸한 마을에는 어린 아들을 잃은 홍수 엄마의 애끓는 흐느낌 소리만 울려 퍼졌습니다.

그런 홍수 엄마를 안타깝게 지켜보고 있던 제사 할머니가 가만히 홍수 엄마 손을 잡으며 말했습니다.

"여보게. 사람은 누구나 태어나서 죽게 마련인 게야. 제아무리 강한 맹수도, 푸르디푸른 나무와 풀도 생명이 다하면 죽는 거라네. 그게 자연의 이치지. 그러니 너무 슬퍼하지 말게나. 이제 우리 홍수와 작별 인사를 하세. 홍수를 좋은 곳으로 보내 주어야 하지 않겠나?"

　아줌마는 울면서 고개를 끄덕였습니다. 마을 사람들은 모두 힘을 모아 흥수의 장례식을 준비했습니다. 흥수 아빠는 남자들과 함께 석기 제작소에서 길고 납작한 돌판을 만들었습니다. 흥수 시신을 눕히는 데 쓸 돌판이었어요. 흥수 엄마는 여자들과 함께 마을 앞에 나가서 국화를 한 아름 따 왔습니다. 무덤은 흥수가 평소 자주 놀러 갔던 동굴로 정했어요. 남자들이 흥수 시신을 들고 동굴로 갔습니다. 여자들이 그 뒤를 따랐어요. 욱이도 맨 뒤에서 장례 행렬을 따라갔습니다.
　아저씨는 동굴에 돌판을 깔고 그 위에 고운 흙을 뿌린 다음 흥수 시신을 누이고 그 위에 다시 고운 흙을 뿌렸어요. 이제 한 사람씩 흥수한테

 꽃을 뿌리고 작별 인사를 할 차례입니다. 아저씨가 먼저 국화꽃을 뿌리고 흥수한테 작별 인사를 했습니다. 마을 사람들도 차례로 국화꽃을 뿌리고 동굴을 떠났습니다. 어느덧 흥수 시신은 국화꽃으로 덮이고 꽃 무덤이 만들어졌어요.
 "우리 아가, 하늘나라에서는 오래오래 살아야 한다."
 아줌마가 눈물을 흘리며 흥수와 작별 인사를 했습니다. 이제 욱이 차례입니다. 이제까지는 흥수가 죽었다는 게 가슴에 와 닿지 않았는데 막상 흥수와 영원히 헤어져야 한다고 생각하니 가슴이 아팠습니다.
 "다 들었어. 우리 흥수를 구하려고 목숨을 걸고 싸웠다고."

"아니에요. 저 때문에 홍수가……."

"아니야, 아니야. 네 탓이 아니란다. 넌 용감한 아이야. 우리 홍수도 너한테 고마워하고 있을 거야."

아줌마는 욱이를 꼭 안아 주었습니다. 아줌마 품에 안기자 욱이는 참고 있던 눈물이 쏟아졌어요.

"그래, 실컷 울어라. 울고 나면 좀 나아질 거야."

아줌마 말처럼 펑펑 울고 나니까 마음이 조금은 가벼워졌어요. 욱이가 눈물을 그치자 아줌마는 욱이 손에 목걸이를 쥐어 주었습니다. 사슴뿔로 만든 둥근 목걸이인데 사람 얼굴이 새겨져 있었어요.

"홍수가 만든 거야. 우리 홍수를 오래오래 기억해 주렴."

"네, 저도 홍수를 못 잊을 거예요. 아줌마도, 이 마을도……."

아줌마는 욱이와 작별 인사를 나눈 뒤 동굴을 떠났습니다. 이제 동굴엔 욱이와 홍수 둘만 남았습니다. 국화꽃 속에 파묻힌 홍수 얼굴은 무척 편안해 보였어요. 욱이는 홍수 가슴에 국화꽃을 놓았습니다.

"안녕. 홍수."

그러고는 동굴 아줌마를 세 번 불렀어요.

"동굴 아줌마, 동굴 아줌마, 동굴 아줌마!"

눈 깜짝할 사이에 홍수 무덤은 온데간데없이 사라지고, 동굴은 처음 들어왔을 때의 모습으로 바뀌어 있었어요.

역사스페셜박물관

구석기 예술품 (충북대학교박물관)
두루봉 동굴 사람들이 남긴 이 사슴 뼈엔 사람 얼굴이 새겨져 있습니다. 구석기 사람들은 동굴에 벽화를 그리거나 동물 뼈에 그림을 새기며 나름의 예술 활동을 했습니다.

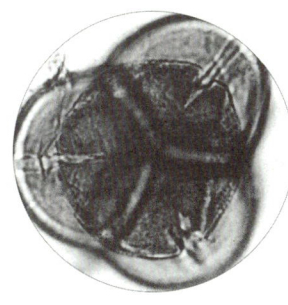

동굴에서 발견된 꽃가루 현미경 사진 (충북대학교박물관)
이것은 동굴 벽에서 발견된 진달래 꽃가루예요. 누군가 동굴을 예쁘게 꾸미려고 꽃을 꺾어다 놓았을까요? 꽃가루는 흥수 아이의 가슴과 둘레에서도 발견됐어요. 국화꽃 가루를 더해서 모두 여섯 종류나 됐다고 해요.

이라크 샤니다르 동굴
이라크 샤니다르에 있는 석회암 동굴에서 네안데르탈 사람의 뼈와 함께 그 둘레에 흩어져 있는 꽃가루가 발견됐어요. 학자들은 꽃가루의 쓰임새를 여러 가지로 보았어요. 그런데 흥수 아이의 뼈에서 꽃가루가 발견되면서 꽃을 뿌린 것은 구석기 사람들의 장례 절차로 밝혀졌어요.

아자!

한반도 주요 구석기 유적지
두루봉 동굴을 더해서 지금까지 발굴된 구석기 유적은 모두 천여 곳이나 됩니다. 지금도 전국 곳곳에서 구석기 유적들이 발굴되고 있는데요, 이것은 구석기인들이 한반도 전체에 퍼져서 살고 있었다는 증거입니다. 이제 머지않아 구석기 시대에 살았던 더 많은 사람들의 이야기를 들을 수 있을 것입니다.

따듯한 추억을 간직한 동굴

"동굴 아줌마. 제가 다시 돌아온 게 맞나요?"
"그래. 여행은 재미있었어?"
동굴 아줌마의 목소리가 들려왔습니다.
"네. 참 재미있었어요. 그리고 아줌마 말이 맞았어요. 이 동굴에 살던 사람들은 모두 따듯하고 용감한 사람들이었어요."
"호호. 거 봐라. 이제 저 뼈다귀들이 하나도 안 무섭지?"
욱이는 고개를 끄덕였어요. 아주 오래전부터 사귀었던 친구를 보듯 뼈다귀들이 정겹기까지 했으니까요. 그때 동굴 앞에서 웅성거리는 아이들 소리가 들렸어요.
욱이가 안 나오자 보라가 걱정돼서 아이들을 끌고 온 것입니다.
"욱아, 욱아."
"보라야, 나 여기 있어."

보라가 달려왔어요.
"욱아, 괜찮아?"
"그럼, 괜찮지."
그때였어요. 으악! 으악! 동굴에 들어온 아이들이 비명을 지르며 달아났어요.
바닥에 흩어져 있는 뼈다귀들을 본 것입니다. 그제야 뼈다귀를 발견한 보라도 "엄마야!" 하고 외치며 욱이 뒤에 숨었어요.
"보라야. 저건 쌍코뿔소 뼈야."
"쌍코뿔소? 그게 뭔데?"
보라가 물었어요.
"구석기 시대에 살았던 동물이야. 보라야, 내가 동굴 구경시켜 줄까?"
보라는 고개를 끄덕였어요. 욱이는 보라 손을 잡았습니다.
"어! 손이 왜 이래? 동굴에서 다쳤어?"
"아니. 숲에서 나무를 탔거든."
보라는 어리둥절해서 바라보았습니다. 욱이는 빙그레 웃음이 나왔습니다.
지금부터 들려주는 이야기에 보라는 또 어떤 표정을 지을까요? 욱이는 보라와 함께 동굴을 구경하면서 천천히 이야기 보따리를 풀어 놓았습니다.
아주 오래전 이 동굴에 살았던 따뜻하고 용감한 사람들 이야기를 말이죠.

흥수 아이가 살던 구석기 시대는…?

구석기 시대 하면 흔히 돌도끼를 들고 뛰어다니고 맹수와 추위를 피해 동굴에 모여 사는 원시인을 떠올린다. 정말 그 시대 사람들은 원시인이었을까?

지금으로부터 250만 년 전부터 1만 년 전까지, 사람이 처음으로 도구를 쓴 이 시기를 우리는 구석기 시대라고 말한다. 그렇다면 한반도의 구석기는 언제부터 시작됐을까?

한반도의 구석기 역사는 백만 년 전으로 거슬러 올라간다. 하지만 오늘날의 우리들과 같은 인류가 살기 시작한 것은 겨우 4만 년 전. 충북 청원군 두루봉 동굴에서 발견된 흥수 아이가 지금까지 발견된 가장 오래된 우리들의 직계 조상이다.

이미 구석기 시대부터 사람들은 집을 짓고 살기 시작했다. 동굴은 집뿐만 아니라 동물을 죽이는 도살장이나 제사를 지내는 곳, 석기 제작소 또는 무덤으로 쓰였다.

식량은 수렵과 채집으로 해결했는데, 구석기 유적에서 발굴된 동물 뼈 가운데 가장 숫자가 많은 것이 어린 사슴 뼈였다. 구석기 사람들은 주로 늦가을에 어린 사슴을 사냥해서 겨울도 나고 단백질도 섭취했을 것으로 보인다.

맨 처음 인류는 마구잡이로 돌멩이를 깨서 우연히 석기를 얻었을 것이다. 하지만 구석기 사람들은 기술을 써서 자기가 원하는 석기를 만들기 시작한다. 구

 석기 사람들이 만든 석기는 사냥용, 가죽 손질용, 채집용같이 차츰 그 쓰임새가 다양해지고, 기술도 놀라울 만큼 빠르게 발전한다. 후기 구석기 시대에 접어들면 작고 얇은 좀날돌을 제작하는데, 구석기 시대의 좀날돌로 사슴 가죽을 벗겨 보면 채 10분이 걸리지 않을 만큼 성능이 뛰어나다.
 구석기 사람들은 동굴에 그림을 그리거나 동물 뼈에 조각을 새기는 것과 같은 예술 활동을 하기도 했고, 죽은 사람을 애도하는 장례 의식을 치르기도 했다. 구석기 사람들은 우리가 생각하는 단순한 원시인이 아니라 더 나은 삶을 살려고 끊임없이 도전한 인류 역사의 개척자였다.

역사 스페셜 작가들이 쓴 이야기 한국사 1
한반도의 첫 사람 구석기 시대 홍수 아이

글 권기경 | **그림** 윤정주

초판 1쇄 펴낸날 2006년 12월 1일 | **초판 17쇄 펴낸날** 2019년 9월 20일
펴낸이 조은희 | **편집장** 한해숙 | **기획·편집** 네사람 | **편집** 오선이
디자인책임 하늘·민 | **디자인** 최성수, 이이환 | **사진진행** 시몽포토에이전시
마케팅 박영준 | **온라인 마케팅** 정보영 | **경영지원** 김효순 | **제작** 정영조, 박지훈
펴낸곳 (주)한솔수북 | **출판 등록** 제 2013-000276호 | **주소** 03996 서울시 마포구 월드컵로 96 영훈빌딩 5층
전화 02-2001-5823(편집), 02-2001-5828(영업) | **전송** 02-2060-0108
전자우편 isoobook@eduhansol.co.kr | **블로그** blog.naver.com/soobook | **인스타그램** soobook2 | **페이스북** soobook2
ISBN 979-11-7028-463-5 74910 **ISBN** 979-11-7028-461-1 (세트)

어린이제품안전특별법에 의한 제품 표시
품명 아동 도서 | **사용연령** 만 8세 이상 어린이 제품 | **제조국** 대한민국 | **제조자명** ㈜한솔수북 | **제조년월** 2019년 9월

ⓒ 2006 권기경·(주)한솔수북
※ 저작권법으로 보호받는 저작물이므로 저작권자의 서명 동의 없이 다른 곳에 옮겨 싣거나 베껴 쓸 수 없으며 전산장치에 저장할 수 없습니다.
※ 값은 뒤표지에 있습니다.

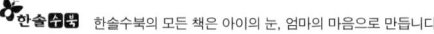